DE
LA GUERRE

FAITE

A LA FRANCE

ET

A LA PAPAUTÉ

PAR J.-F. BRUGALÉ

PRIX : **1** FRANC

Au profit des blessés, des prisonniers de guerre français
et de la cause pontificale

RENNES

T. HAUVESPRE, LIBRAIRE-ÉDITEUR

4, rue Nationale, 4

1871

JANVIER 1871.

DE
LA GUERRE

FAITE

A LA FRANCE

N'est-ce pas en plein XIXe siècle, alors que la civilisation moderne semblait être arrivée à son apogée;

N'est-ce pas presque au lendemain de cette merveilleuse Exposition universelle de Paris, où l'on avait étalé aux regards étonnés des visiteurs ce que, pendant plusieurs années de paix, le génie humain avait enfanté de plus surprenant; de cette exposition à laquelle la France avait convié le monde entier et où vinrent surtout les souverains avec un empressement tel qu'il était permis d'en augurer des garanties de continuation de paix et de sécurité pour l'avenir, si l'on croit à la sincérité du doux nom de *bon frère,* qu'ils se prodiguaient alors;

N'est-ce pas après l'achèvement presque complet des voies ferrées, qui devaient abréger les distances, faciliter les communications et mettre continuellement tous les hommes en contact et en rapports amicaux, de manière à réaliser le grand, le séduisant mais difficile problème de la fraternité de tous les peuples ;

N'est-ce pas enfin en présence d'une telle situation qui, certes, était, aux yeux d'un grand nombre, bien propre à rassurer les esprits, qu'il a été dõnné à notre génération d'assister à la consommation de deux attentats les plus monstrueux qui puissent être commis contre la souveraineté du droit le plus sacré et le plus incontestable ?

D'une part, une invasion renouvelée des Vendales est venue s'abattre sur notre belle France.

Et de l'autre, la spoliation et l'usurpation par la violence et par la ruse des Etats de l'Eglise romaine.

Et d'abord, parlons de la guerre faite à la France :

Semblables à des oiseaux de proie alléchés par l'odeur de la curée, les descendants des hordes de la Germanie, à l'exemple de leurs devanciers et conduits par le nouvel Attila, ont piétiné le sol de notre patrie, pillé et détruit nos villes, ravagé nos campagnes, tué ou traîné dans la captivité nos prêtres, nos magistrats, et semé partout la misère, la ruine et la désolation.

Cette guerre terrible, à laquelle nous avions été provoqués, mais que nos gouvernants ont eu le tort immense de déclarer parce que nous n'étions pas en mesure de la soutenir, tandis que nos ennemis avaient tout disposé pour la faire ; cette guerre est devenue un événement d'une si haute importance, qu'il a fait pâlir tous les autres, de manière à dominer seul toute la situation politique en Europe.

Quel a été, dans cette déplorable circonstance, le cœur vraiment français qui a pu demeurer froid et indifférent ?

Quel a été le citoyen qui n'a pas été animé de tous les sentiments qu'inspire le premier des devoirs, celui de soutenir et de défendre par tous les moyens loyaux la grandeur et les intérêts de la France et l'honneur de son drapeau ?

Les fibres du cœur français ont-elles jamais éprouvé sensations plus vives que celles que fit naître chez lui l'amour de la patrie, cette vertu à la fois politique et religieuse, et qui forme un des caractères distinctifs de sa nationalité ?

Aussi qui pourra exprimer les angoisses dont le cœur de chaque Français fut saisi au récit des revers de nos armées ?

Qui pourra redire les soucis, les peines et les inquiétudes produites par l'atteinte que l'envahissement de notre sol a porté à notre vieille gloire militaire, et à la pensée des dangers que couraient nos proches et nos amis qui ont volé avec un si noble héroïsme à la défense de la commune patrie, pour laquelle plusieurs ont déjà donné leur vie ou versé leur sang ?

Toutefois, comme le triomphe de nos ennemis, médité et préparé par eux de longue main, n'est que le résultat d'une force matérielle et brutale ayant tous les caractères de la plus grossière sauvagerie, sa durée ne sera qu'éphémère. Semblable à un ouragan impétueux qui passe sur les cités et sur les campagnes, renverse et détruit tout ce qu'il rencontre, ainsi aura passé l'Attila prussien.

S'il a le courage de mesurer la profondeur de nos désastres, produits de son orgueil et de sa cruauté, il devra en être effrayé.

Lui et son digne conseiller Bismarck, accablés d'épouvante, iront cacher leur honte et leur confusion au fond des sombres forêts de la vieille Allemagne, tandis que leur mémoire restera en exécration parmi les hommes.

I

Le temps n'est pas encore arrivé d'écrire comme elle doit l'être cette page sanglante de notre histoire. Un jour viendra où le voile qui cache tant de mystères se déchirera et laissera dans toute leur nudité hideuse et effrayante les fauteurs de cette grande calamité publique, ainsi que les lâches défections qui l'ont facilitée.

Toutefois, en présence des désastres que la guerre entraîne après elle, si, réfléchissant sur ce terrible fléau, sur les malheurs incalculables qui en sont la suite. sur la misère qu'il engendre, sur les haines qu'il fait naître, sur les torrents de sang et de larmes qu'il fait répandre, on se demande : Comment peut-il se faire que, dans l'état actuel de notre civilisation, et que d'ailleurs l'homme étant donné un être raisonnable, doué de sentiments de compassion, de bonté et d'affection pour ses semblables, la guerre soit humainement possible ?

Comment peut-il se faire que deux nations dont les peuples, unis par de bonnes relations et qui ont intérêt à leur prospérité réciproque, s'élèvent tout-à-coup l'une contre l'autre, uniquement pour se massacrer, se détruire et exposer à une ruine certaine eux, leurs familles et leurs pays respectifs ?

Franchement, cela est incompréhensible, et il n'est pas possible d'en trouver l'explication ailleurs que dans l'existence d'une cause surnaturelle.

Mais admettons pour un instant, en la prenant pour ce qu'elle vaut, l'opinion de quelques penseurs qui ne voient dans l'état des choses qui nous occupent que l'application rigoureuse des lois de la nature :

« Il existe, disent-ils, dans l'univers une force ca-
« chée qui met à découvert le principe de la vie en
« même temps qu'elle contribue à sa destruction. »

« Dans chaque grande division de l'espèce animale,
« on voit un certain nombre d'animaux occupés à dé-
« vorer les autres. Ainsi, il y a les oiseaux de proie,
« les insectes de proie, des quadrupèdes de proie,
« des reptiles de proie, qui se tuent, se mangent et se
« dévorent. »

Et alors, assimilant l'homme à la brute, ils n'ont vu, dans sa destruction par son semblable, que l'accomplissement inévitable d'une cause toute naturelle commune à toutes les créatures.

Cependant, au-dessus de tous les êtres de la création, est l'homme, qui, à moins d'être atteint d'antropophagie ou poussé par une faim excessive, ne dévore pas son semblable.

Il est vrai que, par ailleurs, et à cause de l'empire qu'il a sur les animaux, il n'épargne rien de ce qui vit ; mais alors s'il tue, c'est pour se nourrir, pour se parer, pour se vêtir, pour se défendre et aussi quelquefois pour le plaisir de tuer.

Mais comment l'homme, qui est un être moral et miséricordieux, tuera-t-il son frère ? Et pourquoi le tuera-t-il ?

Ah ! c'est la guerre, la cruelle guerre, qui lui fera accomplir cet acte de sauvagerie.

Ainsi, l'homme agissant tantôt isolément, tantôt en réunion, tuera son semblable, pour vivre de sa dépouille.

Ceci est une espèce de guerre.

Quelquefois, les dissensions civiles et les passions politiques arment les citoyens les uns contre les autres, de manière que plusieurs trouvent la mort soit dans le combat des rues ou ailleurs, soit même sur l'échafaud, comme cela s'est malheureusement vu dans toutes les parties du monde.

Et c'est encore là la guerre, et surtout une guerre du caractère le plus déplorable.

Mais ce n'est pas là la grande guerre, la guerre terrible, la grande œuvre de destruction, celle qu'une main invisible semble diriger et conduire, une guerre enfin semblable à celle qui pèse aujourd'hui d'un poids si lourd sur notre malheureuse patrie.

A qui donc imputer cette espèce de guerre? Quelle en peut être la cause ? Ne serait-il pas possible pour l'avenir de conjurer un aussi grand mal ?

Il faut croire que voilà autant de questions que l'on s'est posé déjà bien des fois, sans avoir pu les résoudre, puisque la guerre n'a pas discontinué, soit sur un point, soit sur un autre de la surface du globe.

Sans prétendre avoir trouvé une solution à ce grand

et difficile problème, essayons quelques réflexions à propos des deux causes les plus probables des guerres de nation à nation.

Ou la guerre est uniquement l'œuvre des hommes qui gouvernent, comme étant du domaine exclusif de la politique, ou bien elle n'est au contraire qu'un fléau envoyé par Dieu pour punir le monde de ses iniquités.

Si la première hypothèse était admissible, il ne serait pas impossible, sinon d'écarter complétement les guerres nationales, du moins d'en diminuer sensiblement le retour.

Il est en effet de notoriété historique que les neuf-dixièmes des guerres de nation à nation qui ont ensanglanté l'Europe n'ont été suscitées que par des monarques ambitieux ou des ministres intrigants ; que jamais ou presque jamais les peuples n'ont été consultés sur l'opportunité de cette grande et importante mesure dont les conséquences pourtant doivent toujours, d'une manière ou d'une autre, retomber sur eux.

C'est ainsi que, pour satisfaire leurs caprices et leurs rêves d'un agrandissement de territoire que personne ne désirait, tous les conquérants, ne comptant pour rien la mort et la destruction de la partie la plus valide de leurs sujets, se sont aventurés dans les guerres les plus désastreuses et les plus extravagantes.

C'est ainsi que tels souverains et tels ministres dirigeants, soit pour se venger d'une prétendue injure, soit pour satisfaire leur vanité personnelle, soit enfin pour se faire un piédestal à la renommée historique, n'ont pas craint d'engager et de soutenir les guerres les plus ruineuses, qui très-souvent ont conduit les peuples à la décadence, à l'esclavage et à l'anéantissement.

La France n'était-elle pas aux abois et exposée à un démembrement général, sans le résultat de la bataille de Denain, gagnée par le maréchal de Villars, sous Louis XIV? Ce grand monarque, après avoir rempli le monde de sa renommée et de sa gloire, rendit le dernier soupir en déplorant son ambition, en laissant la France moins puissante qu'il ne l'avait trouvée et sous le poids d'une dette écrasante qui, plus tard, la conduisit à une espèce de banqueroute.

Napoléon Ier, après avoir planté le drapeau français sur presque toutes les capitales de l'Europe, termina sa glorieuse carrière militaire par Waterloo, prit le chemin de l'exil en abandonnant la France en proie à l'étranger auquel elle eut à payer un milliard d'indemnités sans compter la reddition de plusieurs places fortes et l'enlèvement de nos chefs-d'œuvre de peinture et de sculpture.

Aujourd'hui, et dans l'état actuel de la civilisation, quel intérêt peuvent avoir les peuples de deux nations différentes qui, surtout, respectent leurs institutions civiles, politiques et religieuses; qui sont en rapports continuels d'affaires et dont les relations commerciales et industrielles doivent nécessairement apporter à tous l'aisance et le bien-être; quel intérêt peuvent-ils retirer d'une guerre où on les poussera contre leur volonté, et qui, malgré le succès de l'une ou de l'autre des deux nations, ne leur procurera qu'une ruine commune pour le présent et pour l'avenir, la haine et les désirs de la vengeance le plus souvent ; quel avantage peut revenir à une nation, à un peuple par l'accaparement d'un lambeau de terre au détriment d'une autre nation ?

La terre entière n'est-elle pas le domaine de l'homme ? Dieu aidant, et tout en respectant les droits acquis, n'est-elle pas assez grande pour suffire aux besoins de tous ?

Les impôts, même après une conquête, sont-ils moins lourds ? La somme de l'aisance, de la prospérité et des richesses est-elle plus considérable ?

Ah ! non, malheureusement non, puisque c'est le contraire qui arrive toujours.

II.

On peut donc le dire hautement, parce que c'est une vérité : Les neuf dixièmes des guerres qui écrasent les nations n'auraient pas lieu, et les maux qui affligent le monde par ce fléau disparaîtraient, si la question de faire ou de ne pas faire la guerre était préalablement soumise à l'approbation du peuple qui aurait à répondre sur son opportunité.

Si, avant de déclarer la guerre qui, aujourd'hui, ruine la France et qui, assurément, décimera la Prusse, cette guerre qui va engloutir tant de fortunes acquises par un long et pénible travail, où va périr l'élite des deux nations, qui va faire tant de veuves et d'orphelins, qui va enlever à tant de familles des enfants qui devaient être les soutiens et la consolation de leurs vieux parents; si, avant de commencer cette guerre, les peuples, aujourd'hui belligérants, avaient été appelés, par un plébiscite, à donner leur avis sur son urgence et sa nécessité, il est à peu près certain qu'elle n'aurait pas eu lieu.

Et alors que de malheurs de moins à déplorer !

Ainsi donc (et toujours en supposant que la guerre soit l'œuvre des gouvernants, tout en tenant compte de ce que l'application du suffrage universel laisse encore à désirer), si on veut pour l'avenir s'en préserver ou du moins la rendre extrêmement rare, c'est-à-dire ne l'engager que dans le cas d'une nécessité extrême et ne la soutenir que pour une légitime défense, que l'on ôte des chartes ou des constitutions le droit exclusif et monstrueux accordé aux chefs de tout gouvernement, quels qu'ils soient, empereurs ou rois, présidents ou consuls, de déclarer ou de soutenir la guerre; et que désormais ce droit qui, laissé aux mains des souverains, constitue une espèce de droit de vie et de mort sans jugement préalable sur leurs sujets, en les exposant à un massacre général, soit uniquement réservé au peuple qui aura à se prononcer, soit par un vote plébiscitaire ou par l'organe de ses représentants loyalement et librement élus, sur son opportunité.

N'est-ce pas le peuple qui paie toujours les frais de la guerre, et qui, seul, supporte ses conséquences?

Il est donc de toute justice qu'il soit consulté sur son urgence.

Et d'ailleurs, l'immense majorité du peuple n'a-t-elle pas, au plus haut degré, l'instinct de sa conservation et le sentiment de sa dignité? Si cette dignité est blessée, si cette indépendance est menacée, il saura bien les soutenir et les défendre.

III

Mais, à l'encontre de la première opinion émise, la guerre, au lieu d'être un fait uniquement imputable aux hommes qui gouvernent, peut-elle, au contraire, n'être qu'un fléau envoyé par Dieu pour punir les iniquités de la terre?

Quel moyen, dans ce cas, employer pour la faire cesser ?

Il va sans dire que la première question n'est pas à l'adresse de certains esprits cuirassés d'un scepticisme absolu, dédaignant de croire tout ce qui est en dehors du cercle de leur raison plus ou moins bien éclairée, et qui, de parti pris, rejettent sans réserve l'intervention de la Providence dans les événements de ce monde.

Voyons toutefois si ce qui s'est passé en France depuis quelques années était réellement en opposition avec les principes fondamentaux de l'ordre social établi par Dieu, et qui se résument dans ces trois grands mots : *Religion, Famille, Propriété ;* si l'état moral de la nation était de nature à attirer sur nous les maux qui nous écrasent, et enfin si nous avons justifié ce grand principe : « Que la Providence ne manque jamais aux nations qui ne se manquent pas à elles-mêmes. »

Personne ne peut nier que, de nos jours, l'amour de l'or et de l'argent n'ait captivé le cœur de l'homme. Celui-ci n'a pensé qu'à entasser, qu'à accumuler richesses sur richesses. Aucun moyen n'a été négligé pour grossir et grossir encore le monceau déjà si exorbitant de ses valeurs : ces grandes entreprises financières et industrielles, concédées par faveur, avec la certitude d'un gain sûr et considérable ; dans les hautes sphères de la société, ces agiotages de Bourse, escomptant des événements que l'on connaissait d'avance et qui ont procuré à leurs coupables auteurs des bénéfices certains et quelquefois énormes.

Plusieurs ont dédaigné d'asseoir leur fortune sur le sol, sous l'unique prétexte que les revenus étaient de beaucoup trop inférieurs à ceux qu'offraient les grandes combinaisons industrielles et financières, dans lesquelles on s'est jeté aveuglément, parce qu'elles faisaient poindre à l'horizon l'apparence de gros intérêts. Ebloui par ces promesses fallacieuses et mensongères, un grand nombre s'y est laissé prendre et n'y a trouvé qu'une ruine complète.

Dans d'autres conditions de la société et sous l'influence d'une avarice sordide, les tromperies, les injustices et le manque de bonne foi dans les transactions se comptent presque à l'infini.

Ce culte rendu à la matière est devenu tellement effrayant qu'il n'a d'exemple que dans l'adoration du veau d'or par les Israélites.

Est-ce là ce que Dieu a voulu ?

Les mœurs les plus licencieuses sont nées de la possession et de l'abus des grandes richesses. Le sensualisme a monté à son paroxisme ; il a affadi le caractère, émoussé l'énergie et a engendré les plus graves désordres moraux.

La propagation de l'espèce humaine, qui doit avoir son point de départ dans l'union légitime de l'homme et de la femme, a été faussée par un semblant d'association conjugale qui n'a produit que des parias ou des enfants sans nom avouable.

Est-ce là ce que Dieu a voulu ?

Le luxe le plus effréné a étalé ses folies : les costumes les plus excentriques en sont arrivés au point de faire croire que la France était habitée par plus de deux millions de comédiennes.

Malheureusement, tous ces exemples-là sont partis

d'en haut, et, comme une traînée de poudre, ont envahi et gagné le corps social tout entier.

Est-ce là encore une fois ce que Dieu a voulu ?

Sous prétexte d'embellir les grandes cités et de complaire aux désirs de leurs populations, on s'est livré aux dépenses les plus folles et les plus extravagantes :

C'est ainsi, par exemple, que, pour la construction du nouvel Opéra de Paris, dont l'enseigne du groupe Carpeau indique assez qu'il reste énormément à désirer sur l'école des mœurs que l'on y professe, on a enfoui plus de millions qu'il n'en eût fallu pour armer, équiper et instruire au moins cent mille mobiles dont l'organisation, négligée d'une manière coupable, eût certes rendu plus de services que ce luxueux monument.

Cela était-il d'une bonne administration ?

Dans tous les temps et chez tous les peuples, il a toujours été admis qu'une partie de la nation devait porter les armes afin de veiller à la sécurité au dedans et d'empêcher l'invasion du dehors.

Cette milice doit être composée des hommes les plus valides. La carrière qu'ils ont à parcourir est sans contredit une des plus pénibles mais aussi des plus honorables, et est susceptible de procurer le plus de gloire, à la condition toutefois que l'on y trouvera l'exemple d'une discipline irréprochable et surtout la pratique des vertus morales.

Est-ce ainsi que chez nous fonctionnait notre organisation militaire ?

Ah! malheureusement non.

La différence immense qu'il y a pour un soldat entre la vie des camps et le séjour des villes vient de se révéler en France d'une manière bien cruelle !

Ici, chacun dans sa sphère et suivant sa position, s'est livré aux jouissances de toutes sortes :

Aux sommités de la hiérarchie, les intrigues de cour et la vie efféminée des salons ;

A d'autres, l'existence partagée entre l'habitude invétérée des cafés et des théâtres et la fréquentation de certains lieux de mauvais aloi d'où on ne rapporte que la dégradation morale et la corruption du sang.

Si l'on joint à cela l'incurie d'une grande partie des chefs, l'indiscipline d'un grand nombre des soldats, les vices de notre organisation militaire et la défectuosité de notre armement, est-il étonnant que nous ayons perdu l'habitude de vaincre, et que le Dieu qui se fait appeler le Dieu des armées n'ait pas continué de nous accorder sa protection ?

Que dire de notre littérature moderne, personnifiée dans ces feuilletons-romans éclos sous l'influence d'un tête-à-tête de boudoir, du salon d'une courtisane ou au milieu des fumées d'un estaminet ?

Ne portent-ils pas avec eux le parfum musqué des lieux où ils ont été élaborés ?

Que dire de ces brochures au style frelaté, produit d'une imagination en délire, tantôt sapant avec un cynisme éhonté les principes les plus saints de l'ordre social, tantôt rêvant un ordre de choses impossible, tantôt enfin poussant les peuples vers une indépendance idéale et chimérique.

Est-il possible de passer sous silence l'influence que la presse périodique a exercée dans ces derniers temps ?

L'abus qu'elle a fait de sa liberté illimitée est venu puissamment en aide à toutes les divagations de l'esprit humain : sa légèreté dans la discussion des principes, son désir de livrer en pâture à l'avidité de ses lecteurs, quoi que ce soit qui fût de nature à flatter leurs goûts, leurs désirs et leurs penchants, a été son seul mobile, à la condition, toutefois, que le but final se traduisît par la fortune des actionnaires.

Le résultat de ces œuvres a été immense et désastreux tout à la fois. Après avoir appris à ne plus croire, les masses ont professé ouvertement le mépris des droits les plus sacrés et les plus légitimes, et s'étayant des prétendus *Droits de l'homme*, mal compris et mal interprétés, elles ont levé l'étendard de l'émancipation et de l'insubordination à outrance.

Cette gangrène a gagné la société tout entière, de manière qu'aujourd'hui on trouve le mépris de l'autorité dans toutes les conditions de la vie.

Est-ce là ce que Dieu a voulu ?

Après ce que nous venons de dire, il est presque inutile de demander quel respect était porté au sentiment religieux, car, sous ce rapport, l'indifférence, pour ne pas dire plus, était à l'ordre du jour, particulièrement dans les grands centres de population et dans une grande partie de la France, où l'habitude du blasphème, la profanation du dimanche et la corruption des mœurs est passée à l'état chronique.

La défaillance dans la foi a engendré la négation des convictions religieuses, qui elle-même a conduit au défaut de conviction politique.

Alors chacun n'a agi que pour soi, n'a travaillé que pour soi, se souciant peu ou point du tout de l'intérêt général, pourvu que l'ambition des richesses, des honneurs ou des places avec les gros traitements fût satisfaite de manière à arriver à la plénitude d'une vie purement sensuelle et matérielle.

Tel était à peu près et en résumé l'état de notre société, le jour où nos gouvernants ont eu la malencontreuse idée de déclarer la guerre à la Prusse.

Eh bien! franchement, cette situation était-elle conforme à la haute mission qui a toujours été assignée à la France, considérée comme la grande nation par excellence, celle qui, depuis plusieurs siècles, a tenu la tête de la civilisation et du véritable progrès dans le monde?

Avouons-le sincèrement : Non, mille fois non.

Aussi le grand Dieu en présence duquel la planète que nous habitons n'est qu'un atôme, qui tient dans ses mains le sort des empires, et qui donne à chacun d'eux selon son mérite, a vu que la France avait dévié de sa voie; et comme ce même Dieu aime néanmoins la France, et qu'il veut qu'elle achève l'œuvre qui lui est départie, il a appesanti son bras sur elle, afin de la rappeler à ses devoirs. « Il lui a envoyé la guerre, ce « creuset dans lequel il fait passer les nations pour les « purifier ; ce fléau de l'ordre moral qu'il déchaîne « dans sa justice et sa miséricorde pour châtier les « peuples qui se vautrent dans la fange de la corrup- « tion ; ce grand vent qu'il soulève afin d'assainir « l'atmosphère sociale empestée. »

Ici on ne manquera pas de répondre :

Mais la Prusse, qui est protestante, qui nous fait la guerre et qui jusqu'ici n'a obtenu que des avantages contre nous, est peut-être, au point de vue moral, aussi corrompue que la France ; alors, comment se fait-il que nous soyons seuls châtiés et que Dieu se serve pour cela surtout d'un monarque protestant?

D'abord, il est très-possible que, moralement parlant, la Prusse soit aussi coupable que la France ; aussi qui peut nier qu'elle n'ait déjà sa grande part des malheurs de la guerre? Le nombre des victimes faites dans ses rangs sera peut-être plus considérable que dans les nôtres, et surtout, de leur côté, que de veuves et d'or- phelins !

Si la Prusse est aujourd'hui la verge dont Dieu se sert pour nous châtier, c'est peut-être parce que chez elle le respect à l'autorité est encore debout et que la discipline militaire existe au plus haut degré.

Et quant à ce que l'invasion de notre patrie et les massacres qui en ont été la suite soient l'œuvre d'un souverain protestant, ce n'est pas la première fois que

Dieu se sert d'instrument analogue pour corriger son peuple.

Nabuchodonosor n'a-t-il pas emmené les Juifs captifs à Babylone?

Titus, sous Vespasien, n'a-t-il pas assiégé, pris, saccagé et détruit Jérusalem, où, au rapport de l'historien Josèphe, périrent onze cent mille juifs?

Attila (l'ancien), Alaric, Genséric et tant d'autres païens que l'histoire appelle les fléaux de Dieu ou met au rang des grands dévastateurs, n'ont-ils pas exercé leurs ravages et leurs cruautés, tantôt sur Rome et tantôt sur les autres contrées du monde catholique?

Mais, à l'exemple de ces grands ravageurs, le nouvel Attila a évidemment outre-passé les bornes, et a commis le plus excessif des abus de pouvoir ; gonflé d'orgueil et aveuglé par ses premiers succès, croyant que tout lui était permis, il s'est jeté dans une véritable guerre de sauvages et de pillards, qui n'est propre qu'à faire reculer la civilisation et à faire retourner le monde à la barbarie. Dès lors, la cause de la France est devenue une cause sainte, parce qu'elle est celle du droit, de la justice et de l'équité, celle d'un peuple qui cherche à sauver sa liberté et son indépendance, et à se soustraire aux étreintes d'un vautour qui veut la dévorer.

Voyez-vous au-delà de nos frontières envahies et que l'on veut rétrécir, cette pauvre Pologne, pâle d'épuisement et de besoin, mais dont la poitrine renferme un cœur que l'oppression n'a point abattu; privée de sa liberté et de son indépendance, elle fait de vains efforts pour les recouvrer, parce que des chaînes puissantes la retiennent.

Voulons-nous échapper au même sort, triplons nos forces et notre énergie, qu'aucun sacrifice ne soit négligé : l'honneur, la liberté et l'indépendance d'une nation sont, après Dieu, le premier de tous les biens.

Tout pour Dieu et pour la patrie. Si cette devise est bien comprise et sérieusement mise en pratique, le triomphe de la France est indubitablement assuré.

IV.

De ce que nous venons de dire, il faut nécessairement conclure que si la guerre est envoyée par Dieu pour punir le monde de ses désordres, le préservatif, pour l'avenir, contre un aussi grand mal, ne peut se trouver que dans la pratique des vertus contraires aux vices qui la font naître.

Alors, et ainsi qu'un grand fleuve qui a rompu ses digues et qui, tout en détruisant ce qui lui fait obstacle jusqu'à un point donné, dépose sur le sol qu'il inonde un limon fertilisant qui le fera produire au centuple : de même, pour nous, aura passé la guerre.

La France, en subissant cette terrible épreuve, se retrempera dans l'adversité ; elle puisera, à l'école du malheur et des privations, les grandes vertus sociales et politiques qu'elle avait négligées.

Et si, s'inspirant des principes du catholicisme, elle n'oublie jamais que tout ne finit pas sur la terre ; que la vie présente, pour les nations comme pour l'individu chargés d'accomplir une œuvre pénible et laborieuse, mais grande et sainte, n'est qu'une préparation nécessaire et indispensable à une existence meilleure et à la possession d'un bonheur parfait et sans fin, alors la France redeviendra encore la grande nation par dessus toutes, parce qu'elle sera revenue elle-même aux vrais, aux solides, aux invariables principes d'ordre, en dehors desquels il n'y a que néant ou confusion.

A l'appui de cette opinion, citons seulement, en fait de témoignage humain, le savant M. Guizot.

Dans la préface de la sixième édition de son remarquable ouvrage : *De la civilisation en France et en Europe*, on lit ce qui suit :

« Je suis convaincu, dit-il, que la France, pour
« son salut moral et social, doit redevenir chrétienne,
« et qu'en redevenant chrétienne, elle restera catho-
« lique. »

V.

Dans tous les cas, et quelle que soit la cause des guerres nationales, si ce fléau doit être désormais considéré comme inhérent à l'humanité, eu égard à la constitution des nationalités, ou pour l'un des deux grands motifs que nous venons de déduire, tout en employant les moyens moraux pour s'en préserver, il sera de nécessité absolue que l'organisation de notre système militaire soit complétement réformé ; qu'une discipline ayant pour but de faire de l'armée un corps essentiellement obéissant soit mise en vigueur, et qu'enfin notre armement soit établi au moins au niveau des autres puissances de premier ordre.

Nous pourrons ainsi opposer à nos ennemis en cas de nécessité, outre la force du droit, la force matérielle bien organisée.

Mais n'est-il pas déplorable que, depuis 6,000 ans que la race humaine existe ; qu'après avoir tant de fois déjà éprouvé les conséquences désastreuses des guerres nationales, aujourd'hui, en pleine civilisation, on en soit encore réduit à user de moyens matériels pour vider les différends de nation à nation ?

Ne serait-il pas enfin possible d'arriver à la composition d'un tribunal qui, à l'instar des arbitrages ordinaires, aurait pour mission de terminer en dernier ressort tous les motifs de contestation, sans avoir recours aux effroyables engins destructeurs de l'humanité ?

Ce sujet a déjà fait l'objet des profondes méditations d'hommes éminents. Le dernier mot n'a pas été dit. Il pourrait être de nouveau le sujet de sérieuses études.

Quel immense service serait rendu au monde si on pouvait arriver à résoudre ce grand problème !

DE
LA GUERRE

FAITE

A LA PAPAUTÉ

En même temps que les fils de Luther et de Calvin s'acharnaient à frapper à coups redoublés sur la France catholique, cette fille aînée de l'Eglise, pour arriver à son anéantissement, l'envahissement à main armée du petit coin de terre qui restait à la Papauté, dernier objet des convoitises de la révolution, se consommait au mépris de toutes les règles du droit et de l'équité, par ce souverain-là même qui ose se qualifier de roi très-chrétien et qui, par la convention de septembre, que tout le monde connaît, avait pris l'engagement formel de protéger Rome, contre toute atteinte, après l'évacuation de l'armée française.

Cette violation flagrante du droit des gens, du droit national et de la foi des traités, n'est évidemment que le résultat d'une ambition aveugle, ou la conséquence terrible du principe révolutionnaire qui ne vise et ne tend qu'à la destruction de tout ce qui tient au catholicisme.

Ce fait, quoique d'une si haute importance, a néanmoins passé comme presqu'inaperçu dans le monde politique, sans doute à cause des graves événements militaires qui ont surgi entre la France et la Prusse, et peut-être aussi parce que de nos jours le droit du plus fort prime tous les autres, et que la destruction des nationalités s'accomplit au vu et su des grandes puissances qui, au lieu de s'y opposer, assistent à leur anéantissement avec l'indifférence et la lâcheté qui caractérisent notre époque :

Qui donc, par exemple, est venu au secours de la France à l'heure du danger? de cette France pourtant si généreuse et si prodigue de son or et de son sang envers les autres nations?

Ah! il faut le dire en passant, la poltronnerie et l'ingratitude sont la seule monnaie qu'elle ait reçue de ses débiteurs en paiement des services rendus.

La grande question du pouvoir temporel du Pape, tranchée à l'aide du sabre, n'est pas résolue pour cela.

Elle reste toujours cette question vivante, pleine d'actualité, et intéressant la catholicité tout entière. Et, soit qu'on l'envisage au point de vue moral et religieux, soit qu'on la considère sous le rapport social et politique, à tous égards, elle est assurément bien digne de fixer l'attention du monde entier et du monde catholique en particulier.

Ce n'est pas la première fois que les grands accapareurs de provinces ou de royaumes ont mis la main sur les Etats de l'Eglise et ont obligé les Souverains-Pontifes à aller chercher un asile sur la terre étrangère ; mais il est de notoriété historique que ces entreprises audacieuses ne leur ont jamais porté bonheur, car leur décadence et leur chute ont suivi de près l'accomplissement de leur spoliation.

Mais à aucune époque ces actes de violence n'ont eu, comme aujourd'hui, et à un aussi haut degré, ce caractère distinctif de guerre acharnée contre l'Eglise catholique.

Ah ! que les souverains comprennent mal leurs propres intérêts : en cherchant par un abus de pouvoir et de force matérielle à ravir à autrui une portion quelconque de ce qu'il possède légitimement ou à étouffer la dernière consolation des peuples, c'est-à-dire le principe religieux, ils apprennent ainsi aux masses à mépriser le droit sacré de la propriété et à méconnaître leur propre autorité à eux-mêmes.

Dans un tel état de choses, en présence des inquiétudes qu'il inspire et aussi à cause de la guerre incessante faite de nos jours autant au pouvoir temporel du Pape, qu'au Souverain-Pontife lui-même et au principe religieux qu'il représente, il est du devoir de tout catholique, à quelque opinion politique qu'il appartienne d'ailleurs, de donner son concours pour le succès et le triomphe de cette grande cause qui, assurément, est celle du droit et de la vraie civilisation, comme nous nous proposons de le démontrer.

Heureux si, en apportant notre petit grain de sable, nous pouvions contribuer tant soit peu à former le ciment propre à consolider l'édifice que l'on sape de toutes parts et dont la chute peut ébranler la société tout entière jusque dans ses fondements.

Alors nous aurons rempli un des devoirs les plus chers à un cœur de Français, de Breton et de catholique.

Nous prévenons le lecteur qu'il ne trouvera pas dans ce petit opuscule le cachet d'une érudition de premier ordre, mais qu'il y verra au moins l'essai d'un travail élaboré dans le domaine du bon sens et de la droite raison.

Et comme le but de cette partie de la présente brochure est de rechercher si le maintien du pouvoir temporel du Pape lui est indispensable pour l'accomplissement de la mission évangélique et apostolique qui lui est confiée comme Chef de l'Eglise catholique universelle, il sera indispensable d'entrer préalablement dans quelques considérations sur l'histoire en général et sur celle du catholicisme en particulier, ainsi que sur les éléments constitutifs des sociétés. — Mais comme le cadre rétréci de cet ouvrage ne nous permettra que d'effleurer ces matières, le lecteur voudra bien nous en tenir compte et, tant pour ce fait que pour l'ensemble de la brochure, user de toute son indulgence à notre égard.

Toutefois, sans nous préoccuper des critiques dont nous serons inévitablement le point de mire aux yeux

de quelques-uns, soit pour parler dans un sens peut-
être trop clérical, soit, suivant d'autres, pour oser
écrire sur un sujet aussi délicat et aussi élevé, soit
parce que nous entendons garder uniquement le rôle
de simple catholique, en restant en dehors des discus-
sions gallicanes et ultramontaines, qui du reste n'ont
plus leur raison d'être, de quelque côté que viennent
ces critiques, fort de la loyauté et de la droiture de
nos intentions, nous répondrons par la liberté que
chacun a de manifester ses idées et ses opinions,
lorsque loin de porter atteinte à la morale et à l'ordre
public, elles ont au contraire pour but de coopérer au
triomphe de la justice d'une grande cause opprimée.

I

Et d'abord, partons d'un principe que tout homme éclairé et de bonne foi ne pourra sérieusement contester, à savoir qu'il n'y a de société possible et durable que celle qui repose sur la *Religion*, la *Famille* et la *Propriété*, ce trépied puissant, cette base fondamentale et invariable qui soutient et supporte en entier tout l'édifice de l'organisation sociale de l'espèce humaine.

On est généralement d'accord sur la valeur, la signification et la nécessité des deux dernières parties du grand principe ci-dessus posé.

Effectivement, tout le monde sensé reconnaît que la famille, qui contribue à former l'ensemble de la grande société humaine, doit, pour réunir tous les éléments d'ordre et de stabilité, avoir sa base et son origine dans l'union légitime de l'homme et de la femme, sanctionnée par le double principe religieux et civil.

Et que la propriété est, sauf les aberrations de Proudhon, de Fourrier, de Victor Considérant, et les utopies des autres communistes et des phalanstériens, le droit de posséder, de jouir, de transmettre et de disposer de ce qui, dans l'origine, a été par nous ou nos auteurs, acquis légalement et d'une manière loyale et honnête.

Mais lorsqu'il s'agit de s'entendre sur l'importance, sur le choix ou sur la nécessité d'une religion, une grande confusion existe dans les esprits.

Les uns n'en veulent pas du tout, prétendant que l'homme peut parfaitement vivre sans religion ;

D'autres soutiennent que celle qu'ils professent, quelle qu'elle soit, est la meilleure ;

Et enfin, un grand nombre avance que toutes les religions sont bonnes.

Au milieu de ce désaccord et en présence de cette diversité d'opinions, la vérité doit nécessairement exister quelque part.

Essayons de la trouver.

Si l'on consulte l'histoire et les annales de l'humanité, il n'est pas possible de constater l'existence d'une agglomération d'hommes, vivant en société, sans la pratique d'un culte quelconque à l'adresse de la divinité.

Depuis le berceau du genre humain à venir jusqu'à nos jours, depuis les nations les plus civilisées jusqu'à celles réduites à l'état sauvage ou courbées sous le joug de la barbarie, toutes ont eu des temples, des autels, des sacrifices et des prières. Preuves incontestables de leur croyance à l'existence d'un être suprême et aussi témoignage irrécusable que l'homme est composé de deux substances parfaitement distinctes, l'une animale et purement matérielle, c'est-à-dire le corps qui s'incline vers la terre d'où il est sorti et où il rentrera ; et l'autre spirituelle et intellectuelle : l'âme, qui pense, qui veut, qui discerne, qui agit, qui aime et dont les aspirations s'élèvent jusqu'à Dieu, d'où elle émane et auquel elle retournera comme à sa dernière fin.

Et, sans aller chercher ailleurs d'autre certitude du besoin que l'homme éprouve de s'élever vers la divinité, par la pratique d'un culte ou d'une religion, n'a-t-on pas vu en France, au lendemain du jour où ils avaient décrété la mort du catholicisme et l'abolition de son culte, les adeptes de la philosophie nouvelle, ces enfants nés des cendres de Voltaire, reconnaître le vide immense qu'ils avaient creusé et éprouver aussitôt le besoin de fabriquer eux-mêmes une religion à leur guise dont Robespierre et La Réveillère-Lepaux s'intitulèrent les grands-prêtres. — Ils décorèrent cette religion toute neuve du nom de Théophilanthropie. Son culte consistait uniquement à offrir à l'Éternel une corbeille de fleurs ou de fruits marchandés à la halle ; mais, malgré les beaux sermons de l'académicien Chénier, ce simulacre de religion ne satisfit personne et tomba sous le poids du ridicule (1).

Ainsi donc, et sauf quelques cas extrêmement rares, le besoin de s'élever vers la divinité, de lui vouer un culte, de lui décerner des honneurs, est inné dans l'homme et constitue un des premiers besoins de sa nature.

Et, chose remarquable, la prospérité, la grandeur et la prépondérance d'une nation ont toujours marché

____

(1) Voyez l'*Histoire secrète du Directoire*, t. Ier, p. 166.

de pair avec la manifestation sincère du sentiment religieux, de même que sa décadence a suivi de près l'oubli de la divinité et du culte qui lui est dû.

Cela est d'autant plus facile à comprendre que l'homme qui veut se draper dans l'athéisme, cherche à ignorer son origine pour ne penser qu'au présent, sans songer à l'avenir. Et, affectant de n'espérer ni de ne rien craindre au-delà du tombeau, concentre toute son existence dans le domaine de la matière, ne vit, ne pense et n'agit que pour satisfaire des désirs purement matériels.

Et comme les peuples n'ont que les gouvernements qu'ils méritent, si le corps social est atteint d'athéisme et dominé par lui, il s'infiltrera inévitablement dans les veines du gouvernement et y déposera ce virus qui engendre la gangrène et la corruption morale, cause première de la décrépitude et de la chute des empires.

II.

Puisque la croyance à l'existence d'un Être suprême, auteur et conservateur de toutes choses, est universelle, et que c'est, pour l'homme, un besoin de manifester cette croyance par la pratique d'une religion qui lui fasse connaître les devoirs qu'il a à remplir, d'abord envers cet Être suprême, ensuite envers la société, et enfin envers lui-même, il doit, parmi toutes les religions qui se partagent le monde, choisir celle qui lui offre le plus de garantie pour la vie présente et le plus de sécurité pour celle à venir.

Or, pour un cœur droit, sincère et éclairé, ce choix n'offre aucun embarras.

Car comme il n'y a qu'un seul Dieu, créateur de tout l'univers visible et invisible, le genre humain n'a jamais pu recevoir de lui qu'une seule et essentielle loi pour le connaître, qu'une seule et même religion pour le servir.

Et cette loi n'est autre que celle que Dieu fait éclore dans le cœur de l'homme en venant au monde, qui le guide pendant sa vie pour, après sa mort, le déposer sur les rives de l'éternité.

C'est cette loi qui, dès l'origine des sociétés, a constamment servi de code et de règle de conduite à celles qui ont voulu marcher dans les voies de l'honneur, de la justice et de la vérité.

C'est cette loi enfin qui se résume dans ces deux grands préceptes : *Aimer Dieu par dessus tout et le prochain comme soi-même pour l'amour de lui.*

Loi d'amour et de sacrifice, d'abnégation et de dévouement.

Loi méconnue ou mal observée pendant 4,000 ans, c'est-à-dire jusqu'au jour de l'avénement de Jésus-Christ, fils de Dieu et rédempteur attendu depuis la chute du premier homme, non pour apporter une religion nouvelle ni pour détruire l'ancienne, mais, au contraire, pour la relever et l'élargir, pour libéraliser la loi et le monde.

Toutes les notions fondées sur la vérité étaient devenues confuses et défaillantes. Jésus-Christ les a élucidées et ravivées en les douant d'une clarté et d'une vie immortelles.

Jésus-Christ l'a dit lui même : « Je ne suis point venu pour détruire la loi, mais pour l'accomplir. »

Or, c'est cet accomplissement même, cette réorganisation, si l'on peut parler ainsi, qui a été la base et le fondement du christianisme, religion divine, puisqu'elle a pour auteur Jésus-Christ lui-même, fils de Dieu.

Religion admirable et merveilleuse puisqu'elle régénère et moralise le monde en le tirant des langes de la barbarie et du paganisme ; religion bienfaisante puisqu'elle a fait naître cette civilisation moderne si supérieure à la civilisation antique, et qui a toujours distingué les nations chrétiennes de celles qui ne le sont pas.

Comparez, a dit un des plus grands génies du XIXe siècle, le Tertullien moderne (Lamennais) (1) : « Comparez aux autres nations les nations chrétiennes, et
« voyez ce que lui doit l'humanité : La progressive
« abolition de l'esclavage, le développement du sens
« moral et l'influence de ce développement sur les
« mœurs et sur les lois de plus en plus empreintes

(1) *Le Livre du Peuple*, page 153.

« d'un esprit de douceur et d'équité inconnu auparavant ; les merveilleuses conquêtes de l'homme sur
« la nature, fruit de la science et des applications de
« la science, l'accroissement du bien-être public et
« individuel ; en un mot, l'ensemble des biens qui
« élèvent notre civilisation si fort au-dessus de la ci-
« vilisation antique et de celle des peuples que l'E-
« vangile n'a point éclairés. »

Enfin, le savant Montesquieu, l'auteur des *Lettres Persanes*, de *l'Esprit des Lois*, de la *Cause de la grandeur et de la décadence des Romains*, malgré les principes de déisme et d'irréligion qui percent dans quelques-uns de ses ouvrages, ne peut s'empêcher de reconnaître « que l'Evangile est le plus beau présent « que Dieu ait fait à l'homme, et que le christianisme « peut faire son bonheur sur la terre et assurer sa fé- « licité à venir (1). »

Aujourd'hui encore et malgré les attaques sans nombre dont il a été l'objet, le christianisme reste toujours cet arbre gigantesque à l'abri duquel sont venues successivement s'asseoir les générations passées pour se mettre à l'ombre contre les atteintes du soleil brûlant des passions.

Et si, par suite des tempêtes suscitées par le démon de l'orgueil et du mensonge, quelques-unes de ses branches se sont détachées du tronc, dans leur chute sur le sol, elles se sont brisées et divisées presqu'à l'infini, parce qu'elles ont rompu avec l'unité.

(1) *Dictionnaire historique*, édition de 1754, page 284.

Toutefois, et en dépit de ces mutilations, cet arbre reste toujours vert, plein de sève et de majesté : il continue d'étendre ses rameaux et ses branches sur le monde entier et d'en faire tomber des fruits qui sont ceux de l'arbre de vie.

Et d'ailleurs qui oserait nier les bienfaits du christianisme ? n'a-t-il pas fait surabondamment ses preuves :

Il a renouvelé la face du monde ; pendant dix-huit siècles, il a été cette étoile polaire qui a sûrement guidé nos pères dans les déserts de la vie, parce qu'il est le trait d'union entre Dieu et l'homme.

Il a été confessé par plus de 12 millions de martyrs ;

Tous les hommes de génie ont proclamé sa divinité ; les poètes ont chanté ses grandeurs ; les littérateurs de talent ont fait son apologie, et parmi eux l'auteur du *Génie du Christianisme*, le restaurateur de la littérature chrétienne, Châteaubriant, dont le nom a illustré ma patrie en habitant le vieux manoir de Combourg, que j'aperçois en écrivant ces lignes. Lui aussi a payé son tribut d'éloges à la religion chrétienne en démontrant son triomphe physique et moral sur le paganisme (1).

Et, tout en professant la plus grande tolérance en matière de religion, est-il possible de soutenir qu'en dehors du christianisme on puisse trouver des dogmes

____

(1) Chateaubriant. — *Les Martyrs.*

plus rassurants, une morale aussi pure et des principes aussi saints que ceux qu'il enseigne ?

Que sont devenus ces innombrables systèmes philosophiques et religieux enfantés par l'imagination et même par la raison humaine ? La plupart est restée à l'état de lettre morte, et parmi ceux qui sont parvenus jusqu'à nous, aucun d'eux n'a pu servir de base à un symbole.

III

On peut donc le dire sans hésitation aucune. Si le christianisme était bien compris, largement et amplement observé, sans fanatisme, sans bigotisme et sans mesquinerie, la terre entière deviendrait un nouvel Eden et l'on arriverait ainsi à la plénitude de la civilisation.

Car, il faut bien le constater, la civilisation ne consiste pas, comme certains esprits le supposent, dans la domination par l'homme des forces de la matière.

Les locomotives qui franchissent les espaces; les navires qui, à l'aide de la vapeur, sillonnent les mers avec une agilité qui étonne; l'électricité, dont les effets si merveilleux et si surprenants, font disparaître les distances; les découvertes faites dans le domaine de la science et de la chimie modernes ; les richesses, le luxe et la splendeur des grandes villes, tout cela n'est pas l'essence de la civilisation si, au lieu de contribuer à rendre l'homme meilleur, elles tendent au contraire à le démoraliser, à le corrompre.

C'est à la vérité un immense progrès matériel qui peut quelquefois contribuer au bien-être de l'homme et servir en même temps la civilisation, mais encore une fois ce n'est pas là la civilisation proprement dite.

Qu'est-ce donc que la civilisation ?

La civilisation vraie et par excellence est l'accomplissement du développement moral sous l'influence du principe de la charité chrétienne.

C'est elle qui rapporte tout à Dieu en lui rendant l'hommage qui lui est dû.

C'est elle qui, pour le prochain, enfante le dévouement, l'abnégation et le sacrifice.

C'est elle qui, pour le bien de la patrie, fait que nous consentons aux plus grands sacrifices, que nous nous exposons aux plus grands dangers jusqu'à donner notre vie même pour elle.

La vraie civilisation exclut toute idée d'égoïsme et d'ambition personnelle, de manière à ne tendre qu'à un but : l'intérêt général.

La vraie civilisation est le respect aux droits légitimement acquis.

La vraie civilisation est la paix parmi les hommes, la paix dans les cités, la paix dans les empires, la paix entre les nations, et cette paix est toujours un gage assuré de bonheur et de prospérité. Car elle fait naître, progresser et fleurir les sciences, les lettres, les arts, l'industrie, le commerce et l'agriculture, tandis que la guerre ne tend qu'à leur destruction et à leur anéantissement.

Les souverains qui excitent, qui fomentent et qui soutiennent des guerres du genre de celles qui désolent aujourd'hui la France et les Etats-Romains ne sont donc pas des hommes civilisés. Ils devraient être relégués au ban des nations. Et que l'on n'aille pas croire, comme on l'a dit et répété à satiété, que la civilisation née du christianisme soit un obstacle au développement du progrès matériel et du véritable patriotisme. Bien au contraire, elle les encourage, les stimule et les soutient, en tant qu'ils sont conformes aux principes fondamentaux de l'ordre social.

Et, soit dit ici sans ostentation, quelle est, dans les circonstances malheureuses où s'est trouvée la France, la province qui, plus que la Bretagne, par exemple, a concouru à la défense commune, cette Bretagne si catholique et que, pour cela, le vulgaire accuse d'être si arriérée sous le rapport de la civilisation; cette Bretagne qui s'honore d'avoir à la tête du Gouvernement de la Défense nationale un de ses enfants, aussi distingué par ses vertus militaires que comme bon catholique?

Eh bien ! cette Bretagne a, elle seule, sans compter ses immenses sacrifices pécuniaires, fourni plus de 160,000 défenseurs à la patrie, et dont les services ont déjà mérité plusieurs mentions honorables.

Ah ! si les autres contrées de la France avaient ainsi

payé leur dette à la cause commune, nous ne serions pas témoins de toutes les lâchetés qui se commettent, et il y a longtemps que les hordes de Guillaume seraient balayées et que notre sol en serait purgé.

Un savant publiciste a dit quelque part que le respect qu'un peuple porte au sentiment religieux sert à mesurer son degré de civilisation. Aujourd'hui et plus que jamais, le monde a un besoin immense de sécurité et de stabilité. Il ne trouvera ces avantages qu'en se rattachant franchement au catholicisme, qui est à la fois la condition et le complément du christianisme. C'est la seule ressource qui reste à notre société chancelante pour conjurer les dangers qui la menacent d'une dislocation complète, par suite de l'envahissement incessant, et que l'on peut comparer à une marée montante, de certaines doctrines propagées au nom et pour le triomphe des mots éblouissants de *liberté*, d'*égalité* et de *fraternité*, mots mal compris et mal interprétés, parce qu'on vise à leur succès complétement en dehors du catholicisme, et partant de véritable civilisation.

IV

Avant de retourner à son Père, Jésus-Christ, en sa qualité de chef de l'Eglise universelle qu'il venait de fonder, et comme auteur de la religion chrétienne, dans le but d'étendre et de propager cette admirable institution et de lui faire accomplir son œuvre toute divine jusqu'à la consommation des siècles, se choisit un représentant sur la terre en la personne de saint Pierre, l'un de ses disciples, auquel il conféra la primauté sur toute l'Eglise naissante, — primauté qu'il devait lui-même transmettre à ses successeurs jusqu'à la fin des temps.

Les textes sacrés de l'Ecriture ne laissent aucun doute à ce sujet, et sont assez connus pour qu'il soit besoin de les rappeler ici.

Dès les premiers siècles de l'Eglise, tous les témoignages sont unanimes pour constater la croyance générale à cette primauté du prince des apôtres comme chef de la catholicité, et, après lui, en la personne de ceux qui lui ont succédé sur la chaire apostolique.

L'an 42 de notre ère, saint Pierre ayant été miraculeusement délivré de la prison où Hérode Agrippa l'avait fait renfermer, se rendit à Rome et y établit son siége, qui, jusqu'à ce jour, a été occupé par une succession non interrompue par les 258 pontifes qui se sont assis sur la chaire du Prince des Apôtres, à venir jusqu'à l'immortel Pie IX, qui l'occupe aujourd'hui d'une manière si glorieuse.

Saint Augustin considérait cette succession continue comme une des marques les plus éclatantes de la véritable Eglise.

Pëarson, un savant évêque protestant, mort en 1680, était d'une opinion identique.

Cette croyance à la primauté de l'Evêque de Rome sur les autres évêques de la catholicité est universelle.

Elle est confirmée par plus de dix-huit siècles d'existence et par tous les documents de l'histoire. Elle ne peut donc laisser aucun doute que la Papauté ne soit réellement d'institution divine.

V

Donc, puisque la Papauté est d'institution divine, et que le Pape, comme Chef de l'Eglise universelle, a la primauté sur tous les autres évêques catholiques, on est forcément amené à se poser les questions suivantes, afin de pouvoir résoudre celle du pouvoir temporel :

1° Quelle est la mission de la Papauté sur la terre, et, pour accomplir cette mission, le pouvoir temporel lui est-il indispensable ?

2° Dans le cas d'une réponse affirmative, où doit être fixé le siége de cette souveraineté temporelle ?

3° Qui doit contribuer au maintien du pouvoir temporel du Pape ?

4° Comment peut-on y contribuer ?

VI

La mission de la Papauté sur la terre est toute divine, puisqu'elle n'émane que de Dieu :

Elle a pour but de gouverner les consciences, de conserver intact, et suivant l'enseignement de Jésus-Christ, le dépôt de la foi et celui des dogmes de la doctrine chrétienne ; d'enseigner en toute *liberté* et sans *entraves,* mais par la persuasion, les préceptes et les maximes de l'Eglise catholique.

La Papauté a encore pour mission d'achever l'œuvre de civilisation et de moralisation qu'elle a commencée et dont les résultats ont exercé une influence si salutaire sur les destinées de l'humanité.

C'est elle en effet qui, en implantant l'Évangile dans la capitale de l'empire romain, en a soutenu et défendu la morale contre les passions et le débordement des souverains;

C'est elle qui, en expulsant le divorce et la polygamie, a constitué la famille.

C'est la Papauté qui, en comprimant les fureurs de Genséric, en arrêtant Attila, en refoulant les Maures, les Sarrazins, a préservé l'Europe d'une invasion désastreuse ;

C'est elle qui, par sa longue lutte avec les empereurs d'Allemagne, a sauvé la liberté politique et la liberté personnelle, par l'abolition de l'esclavage et du servage.

C'est encore la Papauté qui a été la protectrice des sciences, des lettres et des arts, par les institutions qu'elle a fondées et maintenues, et par les superbes monuments qu'elle a élevés ;

C'est à la Papauté qu'est due la réforme du calendrier ;

C'est elle enfin qui, par ses idées progressives de législation et de droit public, a, peu à peu, élevé l'humanité, combattu les préjugés, aboli les coutumes barbares et enseigné la vérité, la justice et la paix.

Et quel a été l'instrument de ces œuvres gigantesques ?

Tantôt un charpentier comme Grégoire VII, tantôt un pâtre comme Sixte-Quint, et toujours un bienfaiteur de l'humanité.

VII

Mais si, pour accomplir ces grandes choses, la liberté et l'indépendance ont été nécessaires à la Papauté, aujourd'hui ces deux moyens ne lui sont pas moins indispensables pour continuer et achever l'œuvre qui lui est assignée.

Et comment comprendre cette indépendance, si la

souveraineté temporelle et exclusive d'une certaine étendue territoriale, dégagée de toute obédience étrangère, n'est pas garantie au Pape ?

Personne n'ignore le système d'une apparence de transaction que l'on veut faire triompher à présent que les convoitises de la révolution sont satisfaites, et que l'on entend ériger Rome en capitale de l'Italie.

On a rêvé l'Église libre dans l'État libre ; on s'est mis à l'œuvre sans songer à ce qu'il y a d'impossible dans le succès de cette combinaison purement chimérique.

En effet, si la plénitude de la souveraineté du roi d'Italie s'étend sur le territoire romain comme sur le reste de ses Etats, la position du Pape à Rome sera réduite à celle d'un évêque ordinaire, soumis comme tous les autres sujets aux lois de police, de censure et de sûreté générale .

Il ne pourra, par exemple, sans le bon plaisir et le consentement du gouvernement italien, convoquer et réunir un concile.

Et quelle pression ne pourra pas exercer ce gouvernement sur un conclave, soit pour l'empêcher de se réunir pour l'élection d'un nouveau Pape, ou encore sur le choix à faire de ce Pape lui-même ?

Quel sera encore le sort des bulles, censures et décrets que le Pape, dans l'intérêt de la religion ou pour l'acquit de sa conscience, se verra obligé de lancer pour réprimer et condamner des abus et des injustices dont pourra se rendre coupable le gouvernement tempor el sous l'autorité duquel il se trouvera placé ?

Aujourd'hui que l'envahissement de Rome est consommé, le gouvernement italien, voulant régler ses rapports vis-à-vis du Souverain-Pontife, a fait publier un séduisant programme, que tout le monde a pu lire dans les feuilles publiques.

Voyons si son commencement d'exécution est jusqu'ici bien de nature à rassurer sur l'avenir et à faire espérer des garanties de liberté et d'indépendance pour la Papauté.

Ecoutez plutôt la voix solennelle de Pie IX, aux accents de la douleur la plus poignante, protestant hautement et avec indignation, dans ses allocutions, dans ses encycliques, et notamment dans celle du 1er novembre dernier, contre la position intolérable qui lui est faite.

Après avoir énuméré tous les moyens, toutes les ruses, les machinations et les violences employées par le gouvernement de Victor-Emmanuel, pour arriver à l'occupation de Rome, le Saint-Père parle du 20 septembre : *jour néfaste*, dit-il, où la Ville Eternelle fut prise de vive force par l'ordre de celui qui, peu de temps auparavant, protestait si énergiquement de son affection filiale pour le chef de la catholicité et de sa fidélité à la religion.

Le Souverain-Pontife rappelle en outre les outrages dont il fut l'objet, les scènes de désordres dont il fut témoin, les écrits infâmes et dégoûtants répandus à profusion, l'envahissement et la violation du Quirinal, et l'impossibilité où il se trouve de remédier à tant de maux et de s'acquitter des devoirs de sa charge, par suite de l'état de captivité où, depuis lors, ses ennemis n'ont cessé de le tenir (1).

Est-ce là de l'indépendance, est-ce là de la liberté? n'est-ce pas plutôt de l'esclavage?

Et d'ailleurs, Victor-Emmanuel eût-il le droit d'imposer à la Papauté le programme dont nous venons de parler, qu'il lui serait complétement impossible de l'accomplir.

Le parti de l'action qui l'a poussé à s'emparer de Rome, le forcera d'achever l'œuvre de destruction où il veut arriver : c'est-à-dire l'exil et le bannissement du Souverain-Pontife.

On ne transige pas avec la révolution : pour elle, c'est tout ou rien.

Ce qui s'est passé à Paris, à Lyon et à Marseille, il n'y a que quelques semaines, en est un exemple frappant : n'a-t-on pas vu, alors même que nous étions sous le régime d'un gouvernement républicain, une minorité turbulente essayer de renverser le Gouvernement de la Défense nationale et aller jusqu'à incarcérer plusieurs de ses membres, sous prétexte de trop de modérantisme et aussi probablement parce que les auteurs de cette échauffourée n'étaient pas au pouvoir, avantage qu'ils voulaient évidemment se procurer en faisant triompher leurs idées radicales?

(1) Voyez les trois dernières encycliques.

VIII

Les dangers que nous venons de signaler pour la liberté et l'indépendance de la Papauté, en présence de l'occupation des Etats-Romains par le gouvernement italien, ne cesseraient pas d'exister dans le cas où le Pape, chassé de Rome, serait contraint d'errer sur une terre étrangère et d'y fixer sa résidence, soit en Autriche, soit en Espagne ou dans tout autre pays catholique ou non catholique.

Et d'ailleurs, le Pape expulsé de Rome n'offrirait-il pas le triste exemple du père de famille qui, privé de son patrimoine par des revers de fortune ou par suite de l'inconduite, de la dissipation et même la spoliation de ses enfants, reste, sans prestige ni autorité, à la merci de ceux dont il est le père, et, au lieu de trouver chez eux les témoignages de respect, de soumission et d'affection auxquels il a droit à tant de titres, ne rencontre le plus souvent qu'indifférence et ingratitude, et quelquefois le mépris et l'abandon ?

D'autres raisons puissantes existent encore en faveur du maintien du pouvoir temporel du Pape, afin de garantir son indépendance comme Chef de l'Eglise universelle et catholique. Les voici :

Si la reine d'Angleterre, le roi de Prusse, l'empereur de Russie et le sultan jouissent à la fois, comme souverains temporels et comme chefs spirituels, d'une indépendance illimitée, quoique n'appartenant, les uns qu'à des sectes dissidentes ou schismatiques, et l'autre au mahométisme, à combien plus forte raison le Pape, qui est le centre de l'unité comme chef de plus de deux cent millions de catholiques, n'a-t-il pas besoin pour l'accomplissement de sa haute mission, d'une indépendance et d'une liberté égales qui le mettent à l'abri des attaques, des piéges et des embarras que des passions particulières ou des intérêts politiques pourraient lui susciter ?

On l'a dit et répété bien des fois : Le pouvoir temporel du Pape est la garantie de la liberté de son pouvoir spirituel, et s'il n'était pas le Chef d'un Etat indépendant, il serait le jouet des uns et des autres, le point de mire d'ambitions diverses et le mobile d'ardentes et basses jalousies.

Le grand Bossuet soutient qu'un Pape soumis à une puissance serait dans l'impossibilité de gouverner l'Eglise.

Reconnaissons-le donc franchement et sincèrement, la Papauté doit être complétement libre et indépendante, c'est-à-dire dégagée de toute pression étrangère, et cet état ne peut exister qu'au moyen du maintien du pouvoir temporel.

IX.

Pesons maintenant la valeur des objections élevées contre le pouvoir temporel du Pape.

On a prétendu que, puisque le Pape est le représentant de Jésus-Christ sur la terre, son royaume ne doit pas être de ce monde, et, de là, on en a conclu que le pouvoir temporel était non-seulement inutile, mais même nuisible à la Papauté, et qu'il constituait une véritable usurpation.

La réponse à ces 'objections sera aussi facile que victorieuse.

Sans doute que le royaume de Dieu n'est pas uniquement de ce monde, puisque la figure de ce monde passe et disparaît, tandis que le royaume que Dieu promet au-delà du tombeau doit avoir une durée sans fin jointe à un bonheur sans limite. Mais, comme toutes les institutions, la Papauté a nécessairement ses conditions d'existence terrestre qui, toutefois, ne permettent pas de mettre en parallèle le but et la fin du pouvoir temporel du Pape avec celui d'un roi ou d'un empereur.

Généralement la passion dominante des princes de la terre est l'esprit de conquête et le désir d'étendre les bornes de leurs Etats. Joignez à cela l'idée toujours constante, et bien naturelle d'ailleurs, de léguer leurs trônes et leurs couronnes à leurs enfants, ou, à leur défaut, aux membres de leur famille.

Tandis que les Papes, dont l'élévation sur la chaire de saint Pierre n'est due qu'à l'élection, qu'ils ne se sont jamais considérés que comme dépositaires du pouvoir temporel, chargés de le laisser à leurs successeurs, soumis comme eux à l'élection ; que, pour chacun d'eux, la possession de ce pouvoir n'a d'autre but que d'enseigner et de faire enseigner, avec plus de liberté, les dogmes et les principes du catholicisme.

Quant à la prétention d'étendre les limites et les frontières des Etats de l'Eglise, personne ne mettra en doute, surtout dans les déplorables circonstances présentes, qu'attribuer au Pape un tel désir serait le comble du ridicule et de la mauvaise foi. La seule intention que l'on pourrait supposer au Saint-Père serait (désir bien raisonnable du reste) de voir restituer ce qu'on lui a pris.

Que n'a-t-on pas encore reproché au gouvernement pontifical sur les réformes à opérer, sur les abus à supprimer dans son organisation et dans son administration ? Mais quel est donc le gouvernement qui soit à l'abri de critiques et qui offre l'exemple d'une perfection achevée ? Personne ne peut nier qu'il y ait dans les rouages de tout gouvernement, quel qu'il soit, des améliorations et des perfectionnements à apporter et quelquefois des abus à faire disparaître. On y arrive avec le temps et l'expérience.

Sous ce rapport, satisfaction avait déjà été donnée par le gouvernement de Pie IX.

Les droits de patente avaient été abolis, ceux des douanes avaient été considérablement diminués;

L'impôt des contributions directes était descendu au chiffre des autres Etats où cette espèce d'impôts est le moins élevé;

Une grande réforme avait été faite dans l'organisation des tribunaux, et la justice était rendue avec toutes les garanties désirables.

Le code civil avait été réformé et mis en harmonie avec celui des autres Etats de l'Europe ;

Des conseils municipaux avaient été institués ;

La garde civique avait été organisée ;

Des salles d'asile avaient été ajoutées à celles qui existaient déjà.

Et quant à la liberté, personne ne l'aime et ne la désire plus que Pie IX, mais d'une manière inséparable de l'ordre (1).

Toutes ces améliorations, tous ces bienfaits ont été dénaturés ou méconnus par la presse anticatholique.

Hélas! on est bien forcé de le reconnaître parce que c'est d'ailleurs un fait avéré et patent, les adversaires du pouvoir temporel n'ont pas seulement pour but d'arriver à sa destruction, mais encore d'anéantir, tout à la fois, la Papauté et le catholicisme.

Et pourquoi cette guerre acharnée, tantôt sourde, tantôt ouverte, contre la Papauté?

(1) Voyez *Mémoires de Rayneval,* ancien ambassadeur à Rome.

Ah ! c'est uniquement parce qu'elle est la personnification de l'ordre, de la morale et de l'équité.

X

Après avoir démontré la nécessité qu'il y a pour les catholiques et pour la société tout entière, à maintenir le pouvoir temporel du Pape, il reste à indiquer le lieu où doit être fixé le siége de ce pouvoir.

Il faut bien aborder cette question-là puisqu'on veut la reléguer, comme beaucoup d'autres droits justement acquis, dans la catégorie des problèmes à résoudre.

On peut diviser en trois classes les adversaires de la Papauté.

L'une comprend ceux qui veulent à tout prix se débarrasser du Pape comme chef spirituel et comme souverain temporel :

A ceux-là il n'y a rien à répondre, parce qu'un aveuglement complet a, chez eux, anéanti la raison ; la haine seule du catholicisme explique leur conduite.

L'autre classe se compose des partisans du pouvoir temporel seulement. Ils ne demanderaient pas mieux que de voir le Pape rester à Rome comme chef spirituel, mais complétement dépouillé de toute autorité temporelle.

Nous venons de voir, en parlant de l'Eglise libre dans l'Etat libre, l'impossibilité d'une telle situation et les dangers qu'elle ferait naître non-seulement pour la Papauté mais encore pour le catholicisme lui-même en ôtant à son Chef toute sa liberté et toute son indépendance.

Enfin, dans la troisième classe, on peut ranger ceux qui veulent bien réserver au Pape un lambeau de pouvoir temporel, mais à la condition qu'il quittera Rome et qu'il ira planter sa tente sur une terre étrangère où cette souveraineté lui sera concédée.

Et où donc veut-on l'envoyer ?

Les uns ont parlé de l'île de Malte, d'autres de la Sardaigne, d'autres de la Corse.

Et pourquoi pas de l'île Sainte-Hélène ? peut-être qu'il s'y trouverait encore un nouveau Hudson-Lowe.

Enfin d'autres, et nous avons nous-même entendu désigner ce lieu : Jérusalem, c'était quelque temps après le massacre des chrétiens par les Druzes.

Nous croyons que le ridicule de ces diverses propositions parle assez haut d'elles-mêmes pour qu'il soit besoin de les réfuter.

Disons donc tout de suite que le siége de la Papauté, comme pouvoir spirituel et comme pouvoir temporel, doit continuer de rester à Rome. — Et en voici le motif :

La prise de possession de la ville de Rome, par la Papauté, date du jour où les apôtres Pierre et Paul y ont versé leur sang pour la cause du Christ, après y avoir prêché sa dcctrine et planté la croix sur les ruines du paganisme.

Cette prise de possession s'est fortifiée et consolidée par la mort des trente premiers successeurs de saint Pierre, qui, comme lui, ont donné leur vie pour le triomphe de la même cause.

Ajoutez à cela la succession presque continue, pendant plus de dix-huit cents ans, des 258 papes qui ont occupé la chaire du prince des apôtres.

Et où trouverez-vous ailleurs l'exemple d'une possession aussi longue et réunissant, comme celle-ci, tous les caractères nécessaires pour fonder le ʼdroit de propriété le plus incontestable ?

Rien ne lui a manqué.

Elle a été *éminemment publique, non équivoque,* et elle a eu lieu surtout *animo Domini.*

Quelques légistes subtils objecteront peut-être que cette possession n'a pas été paisible.

Cela est vrai, mais c'est précisément dans la persécution et dans les tourments qu'elle s'est affermie et que la Papauté y a puisé toute sa force et toute sa gloire.

« Le Pape, disait le plus grand despote des temps
« modernes (1), est loin de Paris, et cela est très-bien :

« Il n'est ni à Madrid, ni à Vienne, et c'est pour-
« quoi nous supportons son autorité spirituelle.

« A Vienne, à Madrid, on est fondé à en dire au-
« tant. Croit-on que s'il était à Paris, les Viennois et
« les Espagnols consentiraient à recevoir ses décisions?

(1) Napoléon 1er.

« On est trop heureux qu'il habite cette vieille Rome
« tenant la balance entre les souverains catholiques,
« penchant toujours un peu vers le plus fort, mais se
« relevant bientôt si le plus fort devient oppresseur !

« Ce sont les siècles qui ont fait cela, et ils ont bien
« fait.

« Pour le gouvernement des âmes, c'est la meilleure
« et la plus bienfaisante institution qu'on puisse
« imaginer. »

Et il ajoutait : « Je ne soutiens pas cela par entête-
« ment de dévot, mais par raison. »

Quant à la formation des Etats de l'Église tels qu'ils
existaient dans les derniers temps, elle n'était due qu'à
la munificence des souverains et aux vœux unanimes
des populations qui tous comprenaient et appré-
ciaient la sublime mission de la Papauté, dont ils voulaient assurer le succès en constituant son indépendance d'une manière plus complète.

Deux grands génies, appartenant au protestantisme,
ont donné, sur la Papauté au moyen-âge, une appré-
ciation qu'il n'est pas inutile de rappeler :

Leïbnitz (1), aussi bon mathématicien que grand
philosophe, « déclare que la soumission de la plupart
« des peuples de l'occident à la juridiction temporelle
« des papes s'est faite d'un consentement unanime. »

Coquerel, dans son *Essai sur l'histoire du christia-*

____

(1) *Histoire de l'Académie des sciences*, éd. de 1716, et de Fon-
tanelle, *Dict. historique*, 1774.

nisme, « reconnaît que le pouvoir papal, en disposant
« des couronnes, empêchait le despotisme de devenir
« atroce : Aussi, dit-il, dans ces temps, on ne voyait
« aucun exemple de tyrannie comparable à celle de
« Domitien à Rome ; un Tibère était impossible: Rome
« l'eût écrasé (1). »

Et, soit dit en passant, si le roi de Prusse et Napoléon III, à l'exemple de leurs prédécesseurs, avaient
accepté la médiation officieuse offerte spontanément
par Pie IX, au commencement des hostilités et s'étaient
rapportés en entier à son arbitrage, qui avait pour
but d'éviter aux deux nations les horreurs de la guerre,
croit-on que tout le monde ne s'en serait pas bien
trouvé ?

Aujourd'hui, que l'on vise à détruire l'édifice élevé
par les rois et les empereurs de concert avec les
peuples catholiques, deux moyens sont employés pour
y arriver :

1° L'envahissement des Etats pontificaux à main
armée ;

2° Et l'appel au suffrage universel du peuple romain.

Contre le premier moyen, il n'y a pas d'argument
à opposer, puisqu'il est le triomphe de la force brutale et matérielle, le droit du plus fort enfin ! Mais
malgré le succès qu'il a déjà obtenu, il n'en est pas
moins une injustice flagrante, une spoliation qui n'aura

______

(1) *Essai sur l'Histoire du Christianisme.*

de durée que ce que durent les actes de cette nature, mais après avoir enfanté les plus graves désordres.

Reste à apprécier la valeur du suffrage universel.

On a dit et répété d'un ton triomphant : Mais quel droit pourrait opposer la Papauté à la volonté nationale des Romains, s'ils voulaient anéantir le pouvoir temporel du Pape à Rome et établir à sa place un autre mode de gouvernement, à l'instar des autres Etats de l'Europe?

Alors on s'est mis à l'œuvre, et, malgré que le vote se soit fait sous l'influence du parti de l'action et pendant l'occupation de Rome par l'armée de Victor-Emmanuel, le résultat a été pitoyable, en présence surtout du grand nombre d'abstentions.

Quoi qu'il en soit, la Papauté et la catholicité tout entière pourraient opposer au prétendu suffrage des Romains, non le droit matériel, mais, ce qui vaut mieux, celui de la justice, de la morale et de l'équité.

En effet, que l'on n'aille pas comparer aux autres gouvernements celui du pouvoir temporel du Pape :

Celui-ci intéresse plus de deux cent millions de catholiques répandus sur toute la surface du globe ;

Rome est leur commune patrie à eux, leur point central où, de tous les coins du monde, ils viennent se réunir sous l'égide de leur Père spirituel à tous, centre de l'unité.

Et a-t-il été jamais donné au monde de contempler un exemple plus éclatant et plus imposant de cette unité que dans l'assemblée de ces 760 évêques, groupés naguère autour du Souverain-Pontife et venus à sa voix des régions les plus reculées pour discuter et délibérer sur les intérêts de l'Eglise universelle, et restant toujours, comme leurs devanciers, unis dans la même foi et dans la même charité, et n'ayant qu'un but unique : Le triomphe de la vérité.

Non, mille fois non, la principauté de la ville de Rome n'appartient à personne en particulier : pas plus aux Romains eux-mêmes qu'à un autre peuple ou à une autre nation, puisque c'est le domaine commun de tous les catholiques.

Et d'ailleurs n'est-ce pas la Papauté qui, après le sac et le pillage de Rome par les barbares, l'a relevée de ses ruines ?

N'est-ce pas la Papauté qui a fait la Rome moderne ce qu'elle est : la ville des chefs-d'œuvre de l'art ; qui l'a dotée de ses monuments religieux, de ses magnifiques palais, de ses collections de tableaux dus aux pinceaux des plus grands maîtres ?

N'est-ce pas la Papauté et la grandeur des pompes du culte catholique, qui attirent à Rome cette foule d'étrangers de distinction appartenant à toutes les nations du monde ?

Leur présence dans la Ville Eternelle n'y apporte-t-elle pas l'or et l'argent et partant l'aisance et le bien-être des habitants ?

Que la révolution continue de priver le Pape de sa liberté par l'occupation illégale de Rome ou qu'elle le chasse de Rome même, à l'instant où il sortira par une porte, la misère et la ruine de la ville entreront par l'autre.

Mais quel avantage le gouvernement italien retire-ra-t-il par l'accaparement de la ville de Rome? En fera-t-il mieux ses affaires? sa dette publique en sera-t-elle diminuée? la somme du bonheur et de la prospérité du peuple en sera-t-elle augmentée? Ah! assurément non, personne ne l'ignore.

Et si Rome devient veuve de la Papauté, que fera-t-il de ses joyaux, de ses bijoux et de ses parures?

La magnifique Basilique de Saint-Pierre, par exemple, le Vatican, le Quirinal, que seront-ils sans la présence d'un Pape à Rome, sinon des corps sans âme?

XI.

La nécessité du maintien du pouvoir temporel du Pape à Rome, afin de le rendre libre et indépendant, étant ainsi démontrée, on se demande, en présence des attaques, des atteintes dont il est l'objet et de celles qui le menacent encore, qui sont ceux qui doivent contribuer au maintien du pouvoir temporel et comment on peut y contribuer.

Puisque la mission apostolique et évangélique de la Papauté s'étend à l'univers tout entier, et que son but est de moraliser tous les hommes et de contribuer à

leur sanctification, tous, peuples et gouvernements ,
ont donc un intérêt de premier ordre à assurer son succès.

Et d'abord quels sont dans cette circonstance les
devoirs des catholiques ?

Si dans l'ordre civil et naturel les enfants doivent à
leurs père et mère qui sont dans le besoin, des aliments
et les autres choses nécessaires à la vie, à cause des
liens du sang, est-il possible de contester que, dans
l'ordre moral et religieux, l'obligation pour des catholiques de venir au secours de leur père spirituel commun qui est le Pape, et auquel ils doivent être unis
par les liens de la même foi et de la même charité,
n'ait pas, au point de vue consciencieux, une force au
moins égale à celle posée dans le premier cas ?

Il est vrai de dire qu'ici personne n'a à redouter de
contrainte matérielle, puisque ce devoir ne relève que
de la conscience ; mais en est-il pour cela moins obli-
gatoire ? Non, évidemment, ne fût-ce même qu'au point
de vue de l'honneur.

Donc, puisque les catholiques doivent au Souverain-
Pontife secours et assistance, comment peuvent-ils
s'acquitter de cette obligation ?

Avant l'envahissement de Rome, ces moyens étaient
au nombre de trois :

1° Les enrôlements volontaires dans l'armée pontificale.

En présence de la grande concentration de forces
par le gouvernement de Victor-Emmanuel dans les

Etats de l'Eglise; en présence surtout des malheurs de notre chère France, au salut de laquelle nous devons nous dévouer avant tout, il ne faut plus songer, quant à présent, à l'emploi de ce premier moyen.

2° *L'aumône*, ou, en termes moins humiliants, les offrandes pécuniaires, connues sous le nom de Denier de Saint-Pierre.

Le but de cette cotisation, dont le chiffre est abandonné à la générosité et à la position de fortune de chacun, est destiné à subvenir aux charges du gouvernement pontifical, à l'administration et à la direction des affaires de l'Eglise universelle.

Hélas ! ici il faut encore le répéter, par suite de la guerre désastreuse dont nous subissons les conséquences, et des charges si lourdes qui pèsent et pèseront sur les catholiques de France, un grand nombre sera dans l'impossibilité de continuer ses dons et offrandes en faveur du Saint-Père.

Toutefois, que chacun, tout en faisant preuve d'un bon et sincère patriotisme, n'oublie pas ses obligations envers la cause pontificale, et qu'il s'en acquitte dans les limites du possible.

Le troisième moyen de contribuer au maintien du pouvoir temporel du Pape est, pour les catholiques, de défendre et soutenir, soit verbalement, soit par écrit, la cause qui nous occupe.

De nos jours, un grand nombre d'écrivains, les uns poussés par une haine aveugle, les autres animés de préventions hostiles contre la Papauté, ont en quelque sorte pris à tâche de la dénigrer et de la couvrir d'un manteau de mépris et d'ignominie.

D'autres enfin, voulant se poser en champions ardents d'un progrès et d'un libéralisme indéfinis, font miroiter aux yeux de leurs lecteurs les avantages immenses qu'il y aurait pour la société à supprimer toutes les vieilles institutions au nombre desquelles ils mettent évidemment la Papauté; ils la considèrent comme vermoulue et ayant fait son temps, ne professant et n'enseignant plus que des idées rétrogrades.

On reconnaît ces écrivains rien qu'à l'encre dont ils se servent. Elle est infecte et nauséabonde.

Mais il est si facile de réfuter et de réduire à leur juste valeur toutes les accusations forgées par eux dans les ateliers de l'invention et du mensonge contre la plus ancienne et la plus respectable des institutions!

Que ceux donc qui ont la science et l'érudition jointes à la bonne foi et à la droiture d'intention, en usent pour le succès de la cause dont il s'agit.

Y a-t-il rien de plus honorable que d'avoir, en dépit des railleries et des sarcasmes, le courage de soutenir et d'affirmer ses convictions, surtout lorsqu'elles sont honnêtes et qu'elles ont, comme celles-ci, pour but de faire triompher les grands principes de l'ordre dont la Papauté et le catholicisme font partie intégrante?

Que d'hommes ont passé sur la scène du monde, qui avaient conservé l'espoir d'assister aux funérailles du catholicisme et de la Papauté ! Et voilà que le catholicisme même et la Papauté leur ont survécu et ont fait leur oraison funèbre !

Pour toute vengeance, et oubliant le passé, ils ont formulé sur leur tombe des paroles de pardon et de miséricorde.

XII

Nous avons dit que c'était aussi pour les gouvernements un devoir de protéger et de soutenir la Papauté et d'assurer son indépendance pour le maintien du pouvoir temporel.

Deux motifs puissants doivent les y déterminer.

D'abord leurs propres intérêts à eux-mêmes bien entendus et bien compris :

Les gouvernements légalement et régulièrement établis et qui marchent dans les voies de l'honneur ne doivent pas oublier qu'ils sont solidaires entre eux de l'obligation de se soutenir et de s'aider mutuellement, soit pour empêcher leur destruction par des factions qui ne pourraient apporter en échange que le désordre et l'anarchie, soit pour repousser les attaques du dehors qui porteraient atteinte à l'intégrité de leurs territoires respectifs.

Ceux d'entre eux qui assistent à la destruction d'une nationalité opérée par la ruse ou par la violence et qui, pouvant le faire, dédaignent ou négligent de lui porter secours pour repousser les envahisseurs, sont aussi coupables que les auteurs eux-mêmes et, tôt ou tard, ils auront à expier leur lâcheté et leur félonie. Ici, personne ne méconnaîtra les services immenses rendus par la France à la Papauté :

N'est-ce pas elle, en effet, et elle seule, qui ramena Pie IX à Rome d'où la révolution l'en avait chassé ; qui le replaça sur son trône, comme Pontife et Roi, et qui, jusqu'au jour de ses malheurs, avait continué de l'y maintenir par la force de ses armes et par son influence dans les conseils de l'Europe.

Et si, en raison des fâcheuses circonstances où elle se trouve présentement et dont les ennemis de la Papauté ont profité pour la dépouiller, la France est mise, pour quelque temps, dans l'impossibilité de continuer son appui à la cause pontificale, elle est loin pour cela d'avoir renoncé à son ancienne tradition et aux obligations qui lui incombent comme puissance catholique et en sa qualité de fille aînée de l'Eglise.

C'est à faire cesser cet état que doivent tendre nos vœux les plus ardents, que nous devons former comme Français et comme bons catholiques.

XIII

Enfin, nous devons ajouter qu'un autre motif doit déterminer les gouvernements à maintenir le pouvoir temporel du Pape, et celui-ci n'est pas le moins sérieux:

C'est la satisfaction à donner aux désirs, aux besoins, aux convictions et aux aspirations honnêtes et légitimes des populations.

Il est écrit en tête de toutes les constitutions ou chartes des nations civilisées, que chaque citoyen peut professer sa religion en toute liberté et qu'il obtient pour son culte une égale protection.

Que sont les constitutions et les chartes, sinon des pactes ou des contrats qui lient et obligent les peuples et les gouvernements les uns envers les autres ?

Du côté des gouvernés, obligation d'acquitter les impôts, de prendre les armes pour la défense commune, et enfin de supporter toutes les autres charges publiques.

Mais, en retour, et comme compensation, les gouvernements doivent, autant que possible, maintenir l'ordre au dedans et la sûreté au dehors, préserver les peuples des invasions étrangères, les faire jouir de toutes les libertés compatibles avec l'ordre, faire naître et progresser la prospérité, et enfin protéger et garantir le libre exercice de leur culte.

Or, pour les catholiques, cette liberté et cette protection ne seront complètes qu'autant que le chef de leur religion, c'est-à-dire le Pape, sera libre et indépendant au moyen du maintien du pouvoir temporel.

Il ne s'agit pas seulement de protéger les membres, il faut encore préserver et sauvegarder la tête.

Mais cette question romaine ne peut évidemment être résolue que par un congrès européen.

Hélas ! en présence des probabilités d'une conflagration générale, et surtout à cause de l'effroyable guerre entre la France et la Prusse, la réunion d'un congrès paraît, quant à présent, chose difficile, pour ne pas dire impossible.

Mais cet état de bouleversement et de désordre ne saurait durer.

En attendant des jours meilleurs, les catholiques ne doivent pas cesser de protester énergiquement contre la position déplorable faite au Saint-Père.

Déjà des voix puissantes se font entendre : le premier cri d'alarme et d'indignation est sorti du sein de la vieille Albion.

Le 9 de ce mois, un grand meeting a été tenu à Londres, sous la présidence de M. Manning, pour protester contre l'occupation de Rome.

Que partout ailleurs les catholiques en fassent autant.

Lorsque plusieurs s'unissent au nom de la morale et de l'équité pour réclamer et protester contre la violation d'un droit, leurs voix finissent toujours par trouver de l'écho dans le monde, et par obtenir justice et satisfaction.

Et, lorsque l'ouragan qui s'est abattu sur la France et sur les Etats de l'Eglise aura achevé sa course furibonde, le calme, la paix et la tranquillité reviendront. Le règne de la justice renaîtra, et il sera rendu à chacun selon ses œuvres.

Les grands usurpateurs, les despotes, les perturbateurs du repos des nations, seront appelés à la barre de l'Europe rajeunie et vraiment civilisée, pour rendre un compte sévère de leurs rapines, de leurs déprédations et de leurs cruautés.

Alors les droits méconnus, violés et foulés aux pieds seront rétablis, respectés et placés sous la sauvegarde de la société tout entière.

Ce n'est pas à dire pour cela que les vicissitudes de la Papauté seront bannies sans retour, mais elle est la seule puissance qui ait reçu la promesse de n'être jamais vaincue par le temps.

Et, comme l'a dit un éminent prince de l'Eglise (1), elle emportera avec elle dans le cours de ses immortelles destinées, l'indépendance dont elle a besoin pour accomplir son œuvre. Un jour viendra où elle sera la survivante de toutes les choses agitées ou immobiles qui sont autour de nous. Les dômes de Bologne et de Turin auront été usés par les âges ; les événements qui remuent l'Italie seront relégués dans un coin re-

(1) Monseigneur de Perpignan.

culé de l'histoire ; la demeure funèbre des princes de la maison de Savoie ne sera plus que le caveau infréquenté d'une race éteinte : alors il y aura dans la Ville Eternelle un homme qui s'appellera le Pape, qui gardera le tombeau de saint Pierre, et qui bénira le berceau du nouveau peuple. Et quand, dans quelques moments de loisir, il se fera relire les annales du vieux temps, il distinguera à peine, parmi les flots des siècles, la vague d'aujourd'hui.

Ainsi donc encore, confiance, énergie et courage !

FIN.

Rennes, T. Jlauvespre, imp-lib., rue Nationale, 4.